¡Mira cómo crece!

La vida
de la rana

Nancy Dickmann

Heinemann Library
Chicago, Illinois

www.heinemannraintree.com
Visit our website to find out more information about Heinemann-Raintree books.

To order:
☎ Phone 888-454-2279
⌨ Visit www.heinemannraintree.com to browse our catalog and order online.

Edited by Rebecca Rissman, Nancy Dickmann, and Catherine Veitch
Designed by Joanna Hinton-Malivoire
Picture research by Mica Brancic
Production by Victoria Fitzgerald
Originated by Capstone Global Library Ltd
Printed and bound in China by South China Printing Company Ltd
Translation into Spanish by DoubleOPublishing Services

14 13 12 11
10 9 8 7 6 5 4 3 2

Library of Congress Cataloging-in-Publication Data
Dickmann, Nancy.
  [Frog's life. Spanish]
  La vida de la rana / Nancy Dickmann.—1st ed.
     p. cm.—(¡Mira cómo crece!)
  Includes bibliographical references and index.
  ISBN 978-1-4329-5273-0 (hc)—ISBN 978-1-4329-5285-3 (pb) 1. Frogs—Life cycles—Juvenile literature. I. Title.
  QL668.E2D5318 2011
  597.8'9—dc22   2010034140

Acknowledgments
We would would like to thank the following for permission to reproduce photographs: Getty Images p. **6** (© Dorling Kindersley/Neil Fletcher); iStockphoto pp. **8** (© Robert Ellis), **9** (© Sven Peter), **14** (Tommounsey), **20** (© Alan Crawford), **21** (© Jerry Whaley), **22 top** (© Sven Peter); Photolibrary pp. **4** (age fotostock/Caroline Commins), **10** (White/© Rosemary Calvert), **11** (© Eric Anthony Johnson), **13** (Animals Animals/© Zigmund Leszczynski), **15** (Animals Animals/© Zigmund Leszczynski), **17** (Oxford Scientific (OSF)/© Berndt Fischer), **18** (Oxford Scientific (OSF)/© Paulo de Oliveira), **19** (Oxford Scientific (OSF)/© David Maitland), **22 right** (White/© Rosemary Calvert), **22 bottom** (Animals Animals/© Zigmund Leszczynski), **23 top** (White/© Rosemary Calvert); Shutterstock pp. **5** (© Steve McWilliam), **7** (© Katharina Wittfeld), **12** (© Wolfgang Staib), **16** (efiplus), **22 left** (efiplus), **23 middle** (2happy), **23 bottom** (© Wolfgang Staib).

Front cover photograph (main) of a common frog reproduced with permission of Shutterstock (© Steve McWilliam). Front cover photograph (inset) of a close-up of frog spawn reproduced with permission of iStockphoto (© Robert Ellis). Back cover photograph of a frog and frog spawn reproduced with permission of iStockphoto (© Robert Ellis).

The publisher would like to thank Nancy Harris for her assistance in the preparation of this book.

Every effort has been made to contact copyright holders of material reproduced in this book. Any omissions will be rectified in subsequent printings if notice is given to the publisher.

Contenido

Ciclos de vida

Todos los seres vivos tienen un ciclo de vida.

Las ranas tienen un ciclo de vida.

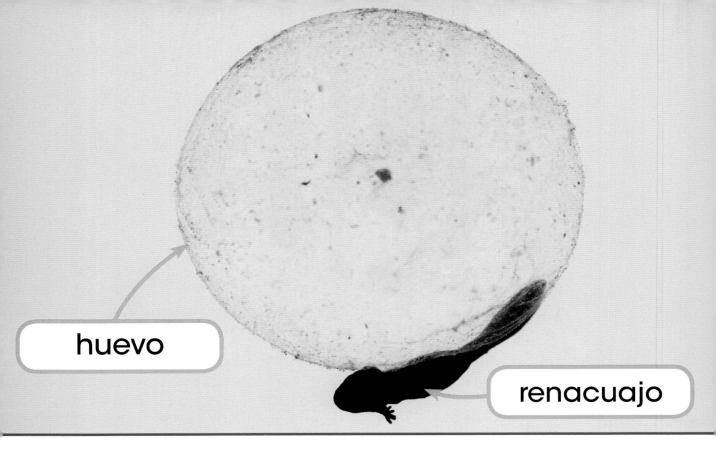

huevo

renacuajo

Un renacuajo nace de un huevo.
Crece y se convierte en rana.

6

huevos

Una rana pone huevos.
El ciclo de vida comienza de nuevo.

Huevos

hueva

Una rana hembra pone huevos en un estanque. La masa que forman estos huevos se llama hueva.

renacuajo

Cada huevo tiene un renacuajo dentro.

Renacuajos

renacuajo

El renacuajo sale del huevo.

cola

El renacuajo tiene una cola.

Crecer y transformarse

El renacuajo vive en un estanque.

El renacuajo come plantas para crecer.

patas

Al renacuajo pronto le salen patas.

El renacuajo pronto tiene cuatro patas.

Convertirse en rana

El renacuajo crece y se convierte
en rana.

patas

Cuando la rana ha crecido, usa sus fuertes patas para saltar.

lengua

La rana caza insectos con su lengua.

La rana también come gusanos
y arañas.

huevos

Una rana hembra pone huevos en un estanque.

El ciclo de vida comienza de nuevo.

El ciclo de vida de una rana

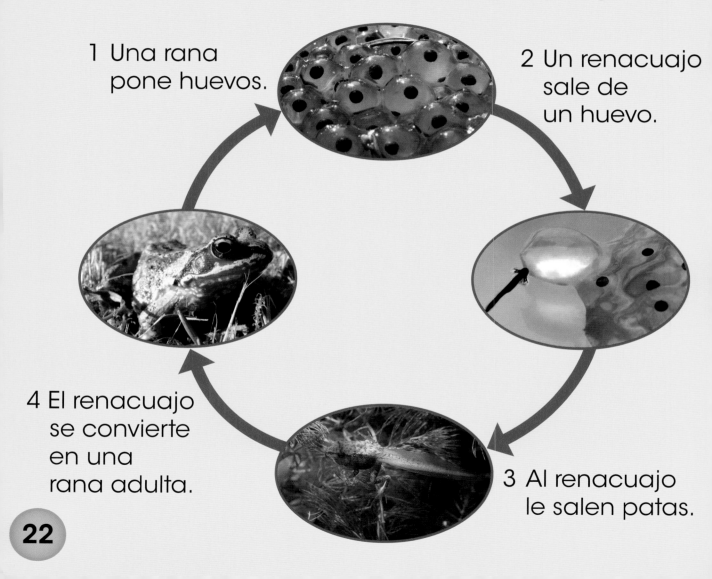

1 Una rana pone huevos.

2 Un renacuajo sale de un huevo.

4 El renacuajo se convierte en una rana adulta.

3 Al renacuajo le salen patas.

Glosario ilustrado

salir del huevo nacer de un huevo

insecto criatura muy pequeña con seis patas

renacuajo cría de rana

Índice

Nota a padres y maestros

Antes de leer

Pregunte a los niños si saben cómo se llama la cría del perro. Luego fíjese si pueden nombrar la cría del gato, del caballo, de la vaca, de la oveja y del cerdo. ¿Saben cómo se llama la cría de la rana? Comente que algunas crías de animales se ven como versiones pequeñas de los adultos y que algunas crías de animales se ven muy diferentes de los adultos.

Después de leer

- En primavera, podría tratar de criar algunos renacuajos. Coloque una pequeña hueva de rana en una pecera y mantenga la temperatura del agua entre 15 °C (59 °F) y 20 °C (68 °F). Añada algas de estanque a la pecera para que les sirvan de alimento a los renacuajos cuando nazcan. También puede alimentarlos con hojas de lechuga. Pida a los niños que anoten todos los días cualquier cambio que vean en los renacuajos. Cuando a los renacuajos les salgan patas, asegúrese de que haya piedras en la pecera que sobresalgan por encima del agua para que las ranitas puedan trepar allí y respirar. Libere todas las ranas adultas cerca de un estanque limpio.

- Enseñe a los niños a bailar el ciclo de vida de una rana. Comience con los niños hechos un ovillo, amontonados, como una hueva de rana. Pídales que "nazcan" uno por uno y se muevan por el salón como si estuvieran nadando como renacuajos. Finalmente, indíqueles que salten como ranas por el salón. Puede poner algo de música para que bailen, como "El coro de las ranas" de Paul McCartney.